SUITE

DES OBSERVATIONS DE L'ÉLECTEUR DE 1789

IMPRIMERIE DE MADAME PORTHMANN,
rue du Hasard-Richelieu, 8.

SUITE

DES OBSERVATIONS

DE

L'Electeur de 1789.

A PARIS,

CHEZ Mme PORTHMANN, IMPRIMEUR,
Rue du Hasard-Richelieu, 8.

1839

Suite

DES OBSERVATIONS

DE

L'ÉLECTEUR DE 1789.

———————————————————————

Le temps et les événements se précipitent. La coalition vient de sortir triomphante de la lutte électorale ; ses membres dissous, mais fortement retrempés, reviennent à la chambre, plus compacts et dans une majorité plus prononcée.

Ils reviennent avec la devise écrite

sur leur bannière aux cinq couleurs :
Le Roi règne et ne gouverne pas.

Les ministres qu'ils repoussaient se sont définitivement retirés.

Il est peu probable que la Chambre nouvelle, débarrassée des ministres qui importunaient celle dissoute, s'acharne contre les personnes ministérielles qui ont disparu. Car la grande accusation contre elles ne portait que sur leur *faiblesse ;* leurs actes n'étaient incriminés que dans des termes trop vagues. Ceux les mieux précisés, et réputés trop sévères, trop contraires aux libertés, ont été autorisés par des lois spéciales : il n'y a pas à les imputer aux ministres. Le caractère français répugne à toute morose récrimination.

On doit donc espérer que sur ce point accidentel de la discorde entre les deux pouvoirs on en restera là ; d'autant que l'on a la ressource d'annuler ceux des actes ministériels qui seraient frappés d'inconstitutionnalité.

Plusieurs bons esprits gémiront même de la perte qu'a faite l'État, dans cette dernière mutation du minis-tère, de plusieurs capacités précieu-ses ; de celle entre autres de ce prési-dent du conseil dont le nom antique et vénéré dans l'ancienne magistrature, prêtait, au dedans et au dehors, un certain relief au cabinet encore jeune.

Plusieurs gémiront de la loi imposée au prince de se séparer de celui qu'il affectionnait comme un autre Sully.

Tous sentiront qu'il est temps de mettre fin à ces remaniements perpétuels du ministère, qui aboutissent à priver l'État des hommes capables de le mieux servir, et dont le nombre, après tout, n'est pas inépuisable.

Selon toutes les probabilités, on arrivera donc à entrer, sans rancune sur le passé, dans la carrière législative, avec les nouveaux ministres.

Mais on va y entrer avec la devise de la coalition : *le Roi règne et ne gouverne pas*. Ce qui ne permet pas de douter qu'elle ne se continue pour forcer l'adoption de ce système, c'est d'une part qu'elle a mis, depuis quinze jours, des obstacles insurmontables à la recomposition du ministère, quoique pris en entier dans la Chambre nouvelle : c'est, d'une autre part, que, dans tous les arrondissements électoraux, s'organisent des comités de surveillance dont la mission semble être de s'assurer des votes législatifs.

La coalition, née d'une pensée commune, ne conserve son éphémère existence que pour la faire triompher. Les nouveaux ministres désignés ne peuvent s'être divisés de prime abord, à la première entrevue, qu'à cause des divergences de leur opinion, sur la marche à imprimer au gouvernement dont le principe et la nature seraient changés.

C'est donc essentiellement contre cette tendance au déplacement des pouvoirs constitués en 1830 qu'il importe de se prononcer.

Est-il vrai, peut-il être vrai, que

selon la charte de 1830, le Roi doive être sans influence dans l'action du *gouvernement*; qu'il ne doive que *régner* en grand consommateur et comme titulaire de la royauté.

Non, cela ne peut être vrai: car la forme de gouvernement que le peuple souverain a finalement adoptée dans cette Charte de 1830, dictée par lui, et comme telle impérissable, est celle du gouvernement représentatif *mo-narchique*, soit de la monarchie *limi-tée*.

La Charte a dit: « que *le Roi était* « *le chef suprême de l'Etat*, qu'il

« commandait les forces de terre et de
« mer, qu'il déclarait la guerre, qu'il
« faisait les traités de paix, d'alliance
« et de commerce, qu'il nommait à
« tous les emplois d'administration pu-
« blique, qu'il faisait les *réglements*
« *et ordonnances* nécessaires pour
« l'exécution des lois » art. 13.

Elle a ajouté que « la puissance
« législative s'exerçait collectivement
« par le Roi, la Chambre des Pairs et
« la Chambre des Députés. »

Le Roi est donc un pouvoir consti-
tué, sa volonté doit donc compter pour
quelque chose dans l'action du gou-

vernement dont il nomme seul les ministres. Il faut bien qu'il ait la puissance de leur commander; il faut même qu'il l'exerce seul comme pouvoir exécutif, comme grand ordonnateur; d'après les lois subsistantes il représente, quant à ce, la puissance législative elle-même et tout entière, alors que celle-ci n'est pas réunie.

Vouloir que le monarque ne puisse *rien faire par lui-même*, c'est vouloir faire mentir la Charte, qui l'investit, comme *chef suprême*, du droit de commandement universel réglé par les lois de l'État.

C'est vouloir d'ailleurs s'insurger

contre les premiers éléments de toute constitution monarchique, qui exigent la concentration des pouvoirs dans les mains d'un seul. La monarchie n'est que l'image de la famille qui, de tout temps, a reconnu un chef. Dans tous les âges du monde l'autorité du chef-monarque a été modifiée soit par l'usage, soit par des conventions positives, ou chartes entre le peuple et le monarque, toujours ce dernier dirigeant et agissant.

Une fois arrêtée, la convention, comme statut fondamental, synallagmatique ou obligatoire de part et d'aure, est irréformable; elle l'est sur tout quand c'est la nation, le peuple, qui l'a librement cimentée ; quand c'est à une dynastie de son choix, instituée héréditaire, qu'il l'a dictée : et cela dans un temps de lumières où les fondateurs savaient très-bien ce qu'ils faisaient.

Ici les concessions faites au pouvoir monarchique sont irrévocables. Tous les colléges électoraux de France les ont confirmées plusieurs fois depuis 1830.

Il y a plus de deux mille ans que ces idées de la monarchie *tempérée* ont été profondément conçues par le plus beau génie de l'antiquité qui, quoique républicain, la considérait comme le meilleur des gouvernements possibles.

Le mode de tempérer le pouvoir absolu des *deux rois* qui la gouvernaient ensemble et de concert, par le contrôle d'un autre pouvoir, défenseur spécial des libertés publiques, avait été réalisé à Sparte par l'institution des *éphores*, vrais magistrats du peuple.

C'est sur ce type antique modifié, qu'il y a plus de six cents ans, l'Angleterre a calqué son gouvernement représentatif *monarchique*.

C'est son système de représentation

par la division des deux pouvoirs législatif et exécutif que nous avons voulu imiter en 1789 et depuis.

La nation n'y est parvenue qu'en 1830, par son pacte solennel avec le monarque appelé au trône par elle-même.

Elle a délégué à ce monarque, *héréditairement*, tous les pouvoirs qu'elle ne pouvait pas exercer par elle-même : elle les lui a délégués tels qu'ils étaient déjà organisés et tels qu'ils le seraient définitivement par les neuf lois à intervenir, réservées en l'art. 69 :

Proprium imperii est legibus

« L'usage de l'autorité demande l'usage des forces. »

Monarque ou action du gouvernement sont synonymes.

Que vient-on dire maintenant, qu'un tel monarque ne doit pas *gouverner,* quoiqu'il soit le seul principe d'action, le seul représentant institué à l'effet exprès d'agir et de faire exécuter?

Et qui donc agira à sa place !

Les *ministres,* répond M. de Cormenin. Il fait des ministres autant de rois, chacun dans leur partie ; ce sont huit rois, et huit rois indépendants les uns des autres, qu'il nous donne au lieu d'un.

Et sous quelle impression les fait-il agir, administrer?

Sous celle unique de la chambre *élective*; afin que le gouvernement ne soit plus *représentatif*, mais à-la-fois législatif et exécutif ou *démocratique*; sans que pour le moins du monde il soit *monarchique*.

Quelle cacophonie! vouloir repren-dre l'exécutif, ce serait revenir contre le partage consommé; ce serait un manque de foi.

Y revenir au nom de la nation, comme à une mesure *parlementaire,* ce serait un acte peu rationnel.

Car le pouvoir *parlementaire,* c'est le pouvoir du Roi et le pouvoir des deux Chambres *réunies.*

Ce pouvoir, créé en 1830, n'existe dans la Chambre des députés que comme fraction de la puissance législative divisée dans les deux Chambres.

La Chambre des Pairs ne s'est pas

encore prononcée sur la reprise de l'action gouvernementale par la législature.

Il n'y a, sans elle, qu'une représentation nationale imparfaite.

Et en la supposant intégrale, il manquerait toujours à l'œuvre le consentement de l'autre co-partageant, le monarque : abstraction serait toujours faite de la Charte qui dit, tout au contraire, que la Chambre des Députés n'a mission que pour faire les lois, qu'elle ne représente la nation qu'à cet effet; le Roi étant chargé seul de leur *sanction*, de leur *promulgation*, de leur *exécution*.

Que la Chambre des Députés ait le droit de surveiller cette exécution, même celui de la censurer après coup, rien de mieux; rien de plus conforme à la nature du gouvernement *représentatif*, où chacun des deux pouvoirs a le droit de contraindre l'autre à rester dans ses limites.

Mais que la Chambre puisse jamais avoir l'initiative du commandement, qu'elle puisse l'exercer pléniairement par l'entremise de ministres qu'elle ne nomme pas; que ceux-ci ne soient responsables qn'envers elle; qu'en un mot ce soit elle qui gouverne par eux !!

N'est-ce pas, en l'état, la plus étrange des conceptions ?

Et en l'admettant, quel moyen aurez-vous de faire marcher sûrement et sans interruption un pareil gouvernement ?

Vous aurez huit ministres, indépendants les uns des autres, tous rois chacun dans leur partie ; sans aucun chef régulateur, autre que l'assemblée des députés, qui ne peut pas être toujours en séance, et aussi constamment que le comporte l'expédition des affaires de huit ministères différents.

L'assemblée des députés, qui n'est

pas un corps permanent, dont les sessions ne sont que temporaires dans
l'année, et qui doit être renouvelée
tous les cinq ans.

Que feront les ministres dans l'in-
tervalle des sessions?

Quelle stabilité de vouloir auront
les chambres électives si fréquemment
renouvelées?

Quelles agitations que celles d'une
chambre sans cesse interrogée sur les
moindres difficultés, les plus légères
dissidences du conseil des ministres,
les détails les plus frivoles.

Vos huit rois délibéreront, je l'accorde, sur la proposition de l'un d'eux, nommé par le monarque, *président* de ce conseil, mais ce président ne sera toujours que le *primus inter pares;* sa voix, loin d'être en aucun cas prépondérante, ne comptera jamais que pour 1/8 dans la balance; autrement il serait le vrai monarque.

Dans l'exécution, ou pour le service de chacun de ces ministères indépendants, combien d'entraves, combien de mécomptes ! Le ministre de la guerre demandera à celui des finances des fonds pour les besoins urgents de son département. Le roi des finances lui répondra : que les seuls fonds disponibles sont nécessaires aux besoins de son administration, ou de toute autre branche du ministère.

Le ministre roi de l'intérieur et de la police donnera à celui de la guerre l'ordre de faire marcher à sa disposition tel détachement de la force armée. Le roi de la guerre lui répondra qu'il ne peut pas en priver, même momentanément, le lieu où ce détachement tient garnison.

Tous se rejeteront sur ce qu'ils ne sont responsables qu'envers la Chambre, de laquelle ils obtiendront toujours un bill d'indemnité ; leur conduite étant exempte du reproche de pré-varication et de désobéissance à la Charte.

En résultat, qu'auriez-vous comme pouvoir *gouvernant?* vous auriez la Convention nationale de 1793 et ses passions de tout dominer, même l'Europe entière, ses jalousies féroces, ses délirantes inquiétudes. Comme agents de ce pouvoir bouillant, huit ou dix Rois disloqués.

Vous n'auriez pour obvier à la dis-location que le périlleux expédient de soumettre vos huit ou dix Rois à une responsabilité *solidaire* de leurs actes *communs*, même contre ceux qui auraient protesté en minorité, et de leurs actes *individuels* ignorés ou inévitables. Et quels hommes sensés risqueront de se commettre dans une si déplorable communauté?

Quelles puissances extérieures voudraient s'allier à un gouvernement aussi volcanique?

Sous le point de vue de monarchie constitutionnelle, avec votre monarque automate, elle serait *en état perpétuel de minorité*. Le gouvernement de la Chambre serait une espèce de *régence* que la Charte a été loin de créer.

On connaît tous les inconvénients du système des régences. Dieu seul sait ce que deviendrait, avec celle là, la fortune publique ! quelle serait la dispensation des emplois, des fonctions publiques, des grâces et des récompenses.

Sortons de ce labyrinthe et revenons au pouvoir exécutif circonscrit par les lois, que la Charte a totalement séparé du pouvoir législatif; écartons toute idée de réforme qui intervertirait l'ordre établi et ramènerait la confusion.

Encore une fois la constitution faite est exécutable, en lui donnant les compléments organiques dont elle fait la réserve.

Tous les partis, excepté celui de la République qui se dissimule, veulent fortement cette exécution ; tous les colléges électoraux s'y rallient avec persévérance.

M. de Cormenin lui-même, ainsi que les membres de l'extrême gauche réélus comme lui, veulent la Charte de 1830, comme étant la première expression de la *souveraineté du Peuple* ; ils sentent que sa légalité est désormais au-dessus de toutes leurs atteintes. Aussi ne font-ils tant d'efforts que pour la contourner ; aussi n'est-ce que par des sophismes, par des paradoxes, qu'ils lui font attribuer le gouvernement de la monarchie exclusivement à la Chambre législative par élection, sans aucun concours ni contrôle de la Chambre des Pairs, que fort lestement *ils ne comptent plus pour rien.*

M. de Villèle seul a parlé de RÉFORME. Mais depuis qu'il a signé la pétition des électeurs de la Haute-Garonne, du 2 ou du 3 de ce mois, on sait à quoi s'en tenir des réformations par lui désirées.

En exerçant ses droits politiques dans un collège électoral formé par la Charte de 1830 et pour son exécution, M. de Villèle l'accepte évidemment en tous points comme le contrat social qui réunit désormais tous les Français à ce qu'il appelle le *droit commun*.

M. de Villèle ne trouve pas, tant s'en faut, que la Charte ait fait le monarque trop puissant, tout inviolable qu'il est.

Toutes les doléances de M. de Villèle et de ses collègues pétitionnaires roulent uniquement sur des abus

qui ne dérivent nullement des dispositions de la Charte, mais bien de l'in-
accomplissement des mesures qu'elle
avait prescrites.

Ils se plaignent de ce que les institutions municipales sont faussées en
matière d'impôts, surtout par l'arbi-
traire des préfets et des conseils géné-
raux.

De ce que les centimes additionnels,
toujours progressifs, s'élèvent à 75
pour cent du capital des contributions
et menacent de le dépasser bientôt.

De ce que le tarif des octrois est

exorbitant; de ce que l'on exige des cultivateurs , par voie de réquisition , des services de transport et de main-d'œuvre par journées , plus onéreux que la masse entière de ces contributions.

Enfin, ils votent contre tout monopole et pour la décentralisation ; pour une nouvelle classification des électeurs, d'après leurs capacités et les nuances de leurs opinions.

Dans tout cela, rien qui tende, à beaucoup près, à aucune modification, encore moins à la *réforme* de la Charte de 1830. C'est au contraire, en obéissant à l'un de ses vœux formels, qu'on arrivera à la réforme des abus dont gémit M. de Villèle.

Il est écrit, en l'art. 69 déjà cité, de ce pacte constitutif :

N° 7. Que, « dans le plus court dé-
« lai possible il sera pourvu, par une
« loi *séparée*, à ce que les institu-
« tions départementales et municipales
« soient fondées sur un système élec-
« tif. »

Qu'on s'occupe donc enfin franche-
ment et avec énergie de tous ces
perfectionnements législatifs réservés,

même ordonnés par la Charte ; qu'on rassure enfin les contribuables contre ces perpétuels acccroissements de l'impôt ; qu'on consolide de plus en plus les libertés publiques.

Si veulent les colléges, si veut la Charte.

Tous les partis ont fini par s'y rallier, avec plus ou moins d'abandon, plus ou moins de sincérité. Tous l'adoptent comme une *nécessité,* comme le but atteint après cinquante années de tribulations politiques, par l'inappréciable émission du vote populaire ; aucun n'ose demander qu'il y soit rien changé ; les plus malveillants veulent seulement qu'on l'interprète à leur manière.

Toutefois de graves personnages sonnent fortement l'alarme sur notre situation présente ; tous deux semblent regretter d'avoir pris part à la révolution de juillet, la lutte des deux pouvoirs entre eux leur apparaissant comme un signal de *nouvelle anarchie*. Mais tous deux ne se livrent aux gémissements, aux regrets, à une terreur panique, que parce que, dans leur opinion, la *Charte jurée* en 1830 est mal entendue, mal interprétée, mal exécutée.

M. Laffitte, dont le patriotisme éprouvé est si vrai, si pur, si généreux, et qui le professe par tous les actes de sa vie privée, n'a fait abjuration que des erreurs commises dans l'exécution de ce programme de nos libertés.

M. Royer-Collard, le 3 de ce mois, au sein des électeurs de Vitry-le-Français, se récriait singulièrement sur ce que l'agitation populaire, chassée de la rue, s'était retranchée au cœur de l'État, soit dans les hautes régions du pouvoir ; il y revendiquait hautement la *foi jurée* à la Charte de 1830, dont il trouvait les institutions fatiguées et

trahies. « Voilà (leur disait-il pour pé-
« roraison) que le trône de juillet est
« attaqué, je voudrais ne pas dire
« ébranlé; ce trône, que mes mains
« n'ont point élevé, mais qui reste
« aujourd'hui, je le reconnais , notre
« seule barrière contre d'odieuses en-
« treprises. »

Soyons de bon compte une fois; au
lieu de nous lamenter inutilement sur
le malheur de notre situation , cher-
chons à l'améliorer par les moyens
constitutionnels que la Charte de 1830
nous ouvre elle-même; cessons d'a-
bord d'exagérer le mal.

Avec la Charte, *plus de propre*

mouvement, plus de bon plaisir, plus de favoritisme.

Quant au remède du **mal fait**, que toutes ces puissantes intelligences rappelées à la députation unissent étroitement leurs efforts sur un seul point, l'exécution ponctuelle de l'article 69 de la **Charte**, pour toutes les dispositions réservées.

Que l'habile et courageux défenseur de cette constitution, dans toute sa vérité, M. Odilon-Barrot, provoque la loi si capitale *sur la responsabilité des ministres;* qu'il y fasse insérer l'érection de notre *Grand-Jury national.*

Que les deux députés de la Haute-Garonne, fidèles aux inspirations de M. de Villèle, fassent rendre la loi sur les *institutions départementales et municipales* à fonder sur le système électif.

Que toutes les réserves faites par la Charte, pour sa religieuse observation, soient courageusement épuisées.

Alors les limites des deux pouvoirs se trouveront posées avec une fixité qui ne permettra aucun écart à l'avenir ; alors, si de nouvelles divisious s'élevaient entre eux, on aurait le contre-poids d'un conciliateur.

Avec lui le Roi pourra *gouverner* dans toute sa dignité, défendre les droits que la Charte a impartis à la couronne ; les faire respecter au dedans et au dehors ; il aura toutes les forces nécessaires aux commandements de la loi.

Que les deux pouvoirs, avant de se mesurer de nouveau, s'accordent pour vouloir tout ce qu'a voulu, tout ce que veut encore l'art. 69 de la Charte. C'est la tâche imposée à tous qu'il faut remplir *avant toutes choses*. Si elle l'est avec courage et bonne foi, tout discord sérieux sera à jamais impossible.

Ce qui manque aux institutions de 1830, s'écrie-t-on de toutes parts, c'est *l'autorité morale* : Hélas ! cette seule boussolle des actions humaines se dirige difficilement vers ce qui est nouveau ; notre inconstance naturelle nous fait méconnaître et désavouer le lendemain ce que nous avons voulu la veille.

Hâtez-vous donc de nous guérir de cette maladie *au dedans* ; hâtez-vous de constituer cette *autorité morale* dans le Grand–Jury national.

Notre dignité *au dehors* sera dans le *statu quo* territorial d'avant 1814, puisse-t-il un jour nous être rendu !

Brochures de l'Électeur de 1789, déjà publiées sur le même sujet.

Du Gouvernement représentatif en France.   50 c.

Solution de la crise.   50 c.